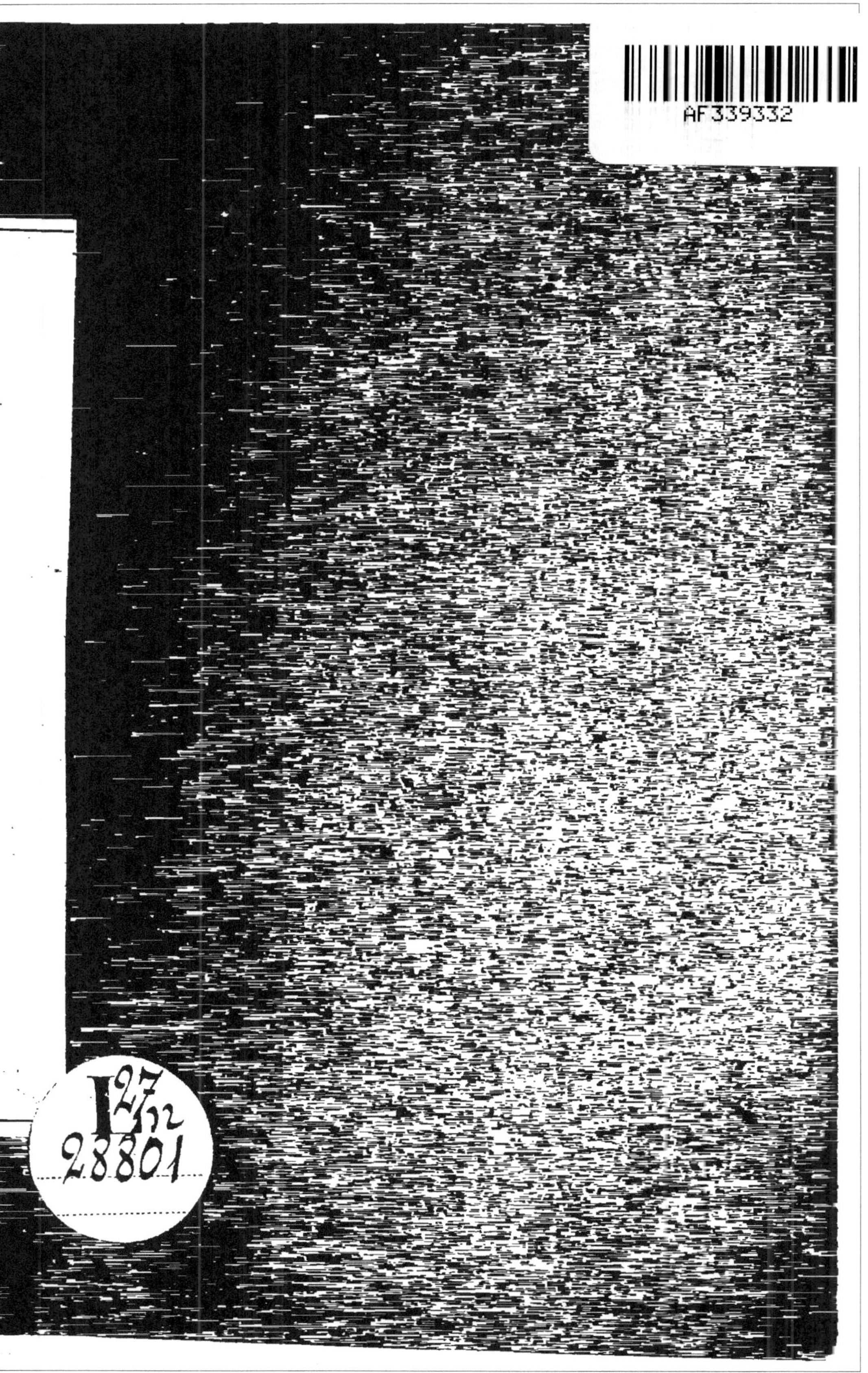

AF339332

MARIE-MADELEINE

NÉE JULIE POSTEL,

FONDATRICE ET PREMIÈRE SUPÉRIEURE-GÉNÉRALE
DE L'INSTITUT DES SŒURS DES ÉCOLES CHRÉTIENNES
DE LA MISÉRICORDE,

Morte en odeur de sainteté
à l'Abbaye de Saint-Sauveur-le-Vicomte (Manche),
le 16 juillet 1846.

NOTICE BIOGRAPHIQUE

PAR

LE R. P. EUGÈNE VIEL,

de l'Oratoire,

Approuvée par Mgr l'Évêque de Coutances et d'Avranches.

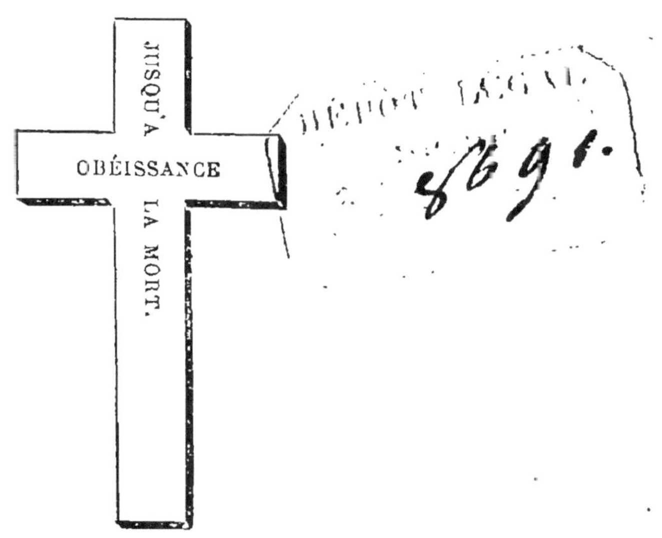

Propriété.

1875

MARIE-MADELEINE

NÉE JULIE POSTEL

Le petit port de Barfleur, au diocèse de Coutances, se glorifie à juste titre d'avoir vu naître, le 28 novembre 1756, Julie-Françoise-Catherine Postel.

Prévenue des bénédictions célestes, elle montra dès son enfance les plus heureuses dispositions pour la vertu. Le trait suivant suffira pour révéler la la foi vive de cette jeune âme. Pendant un orage effroyable, la petite Julie, alors âgée de cinq ans, ne se possédait pas de joie. « *Quel bonheur !* s'écriait-elle, *personne ne blasphème en ce moment le saint nom de Dieu ! Je voudrais qu'il tonnât toujours !* »

Après avoir achevé son éducation chez les Bénédictines de Valognes, Julie Postel, âgée de 18 ans, ouvrit à Barfleur une école avec internat. Elle s'appliqua non-seulement à donner à ses élèves une instruction solide, mais surtout à leur inspirer l'amour de la vertu, le goût du travail et de la simplicité chrétienne. Telle était dès lors la réputation de sainteté qui l'entourait, qu'en la voyant aller chaque matin à l'église, on disait communément : « *Voilà la sainte qui passe !* » Aux jours sinistres de la Terreur, sa maison fournit un sûr asile au Très-Saint Sacrement. Avec quelle ferveur la piéuse institutrice y faisait amende honorable jour et nuit pour toutes les profanations d'alors ! Aussi Notre-Seigneur daigna-t-il l'en récompenser surabondamment. Une jeune enfant se mourait de la mort des prédestinés. S'adressant à Julie Postel, sa maîtresse, elle lui dit avec un accent prophétique : « *Vous formerez une communauté à travers de grandes tribulations ; vous demeurerez à Tamerville : pendant de longues années, vos filles seront très-peu nombreuses et on n'en fera nul cas. On vous conduira dans une abbaye. Vous ne mourrez que dans un âge fort avancé, et vos religieuses seront alors les plus nombreuses du diocèse. Dans les dernières années de votre vie, vous vous occuperez constamment de votre église.* » Cette prédiction que les événements ont justifiée, est la révélation de deux grands desseins providentiels : la fondation d'une communauté et la reconstruction d'une ancienne église. C'est un fidèle résumé de la vie admirable que nous esquissons.

En 1802, Julie établit à Cherbourg une école qui compta bientôt trois cents élèves. Ce fut à cette époque qu'elle jeta les fondements d'une nouvelle congrégation dont les religieuses, disait-elle, n'avaient alors *d'autres rentes que leurs doigts*. Elle la dédia à Notre-Dame de la Miséricorde. Le 8 septembre 1807, elle prononça ses vœux perpétuels avec ses trois premières filles, en présence du délégué de l'Ordinaire, et choisit pour son nom religieux celui de *Marie-Madeleine*. On la vit bientôt, par un rare exemple d'abnégation, céder volontiers le poste qu'elle occupait depuis neuf ans à la satisfaction générale, pour faciliter à un ancien institut le moyen de reprendre à Cherbourg l'éducation de la jeunesse. Elle s'éloigna donc de cette ville au mois de mars 1811, et se rendit à Octeville-la-Venelle. Ici, la communauté naissante, réduite à loger pendant six mois dans une étable, entra dans une longue série de tribulations, au milieu desquelles l'intrépidité surhumaine de la supérieure ne se démentit pas un instant. Ces croix si rebutantes pour la nature faisaient son bonheur et ses délices ; l'œil de sa foi y distinguait la marque douloureuse qui consacre à leur début toutes les œuvres de Dieu. Pendant près de trente ans, plusieurs vicissitudes, mêlées à de rudes épreuves, jetèrent l'humble barque successivement de Cherbourg à Octeville, à Tamerville, à Valognes, puis encore à Tamerville, avant qu'elle pût aborder au port providentiel, Saint-Sauveur-le-Vicomte.

Cependant la sœur Marie-Madeleine, dénuée de tout, mais riche de confiance en Dieu, songe à faire l'acquisition de l'antique abbaye de Saint-Sauveur. Elle n'a pas même de quoi payer les frais de notariat ; n'importe ! elle conclut le marché, « *car,* dit-elle, *le contrat en est déjà passé au ciel.* » Fondé en 1067, dans la gracieuse vallée de la rivière d'Ouve, le monastère bénédictin avait été vendu, lors de la Révolution, et complétement démoli, à l'exception de la maison abbatiale, toute délabrée elle-même. Quant à la superbe basilique, il n'en restait que des monceaux de décombres et des pans de murailles encore imposants. La supérieure, âgée de soixante-seize ans, choisit la fête de Sainte-Térèse, en 1832, pour prendre possession de l'abbaye, au nom de ses quinze sœurs. C'était la pauvreté s'abritant sous des ruines.

Pendant sept ans, les pauvres religieuses durent se contenter de pleurer sur la désolation du sanctuaire. « *Faisons sans cesse amende honorable,* répétait la Mère, *pour toutes les profanations commises ici. Tout sera réparé ; Dieu le veut, je le sais.* » La Providence ménageait effectivement les moyens les plus propres à la réalisation de ce vaste dessein. Les connaissances archéologiques du supérieur, M. l'abbé Delamare (mort archevêque d'Auch), le dévouement à toute épreuve du digne chapelain, M. Lerenard (1), offraient déjà une garantie de

(1) Ce respectable ecclésiastique a rendu sa belle âme à Dieu, le 31 octobre 1874, âgé de 77 ans dont 42 furent consacrés à

succès. En même temps se révélait chez un jeune ouvrier de Saint-Sauveur, M. François Halley, un vraie génie d'architecte. Sans avoir reçu les leçons d'un maître, il sut diriger les travaux, tirer parti des magnifiques débris qui jonchaient le sol, et sculpter avec un fini merveilleux les nouvelles pierres qui décorent l'édifice. Mais l'âme de la colossale entreprise, c'était la bonne Mère. Son infatigable activité à déblayer le terrain et transporter elle-même les matériaux, de concert avec ses sœurs, son imperturbable confiance en Dieu, sa parole enflammée, animaient tous les courages, inspiraient tous les dévouements. Une tempête renverse, en 1842, le clocher nouvellement restauré. Les religieuses consternées exhalent leur douleur avec quelque découragement. « *Eh! quoi, mes sœurs,* reprend la Mère avec douceur, *Dieu n'est-il pas le maître? Et voudriez-vous lui faire un procès? Je vous dis que tout sera réparé.* » Alors elle députe partout, à Paris et ailleurs, une jeune et timide religieuse, à l'effet de recueillir des secours. « *Allez, ma fille,* dit-elle, *soyez l'instrument de Dieu, un instrument souple et docile, et Dieu fera des mer-*

diriger la Communauté selon l'esprit de la bonne Mère fondatrice. Sa piété, sa prudence, son humilité, ont laissé un souvenir ineffaçable dans le cœur de tous ceux qui l'ont connu, en particulier des religieuses, qui le vénéraient comme un père Il repose, comme un pasteur au milieu de son troupeau, dans le cimetière de la Communauté, à l'ombre de la Croix.

veilles. » Prédiction qui s'accomplit à la lettre. L'obéissance de la jeune sœur, actuellement supérieure générale de l'Institut, est bénie au-delà de toute attente. Des aumônes abondantes, inespérées, permettent de reprendre les travaux avec plus d'activité que jamais, et assurent la reconstruction de l'église. Marie-Madeleine voit se réaliser ainsi une partie de la prophétie de l'enfant. Il ne faut que douze ans pour achever une réédification gigantesque, où l'intervention divine éclate de toutes parts. La consécration solennelle de ce beau monument religieux fut faite, le 28 août 1856, par Mgr Delamare, qui le dédia à Notre-Dame de la Miséricorde. La Fondatrice était morte depuis dix ans. Par une de ces intuitions de l'avenir que le Seigneur accorde parfois aux prédestinés, elle avait dit en parlant de cette grande cérémonie : « *Je n'y assisterai pas, je la verrai du Ciel.* »

La seconde mission prédite à Julie Postel était la fondation et le développement de sa communauté. Comme nous l'avons indiqué, les débuts furent laborieux et difficiles. Quant au règlement primitif, il consista dans quelques articles fondamentaux tracés par la vénérée Mère. Elle les résuma dans cette divine sentence, inscrite sur une simple croix noire : *Obéissance jusqu'à la mort.* La règle définitive, elle le savait d'avance, devait lui venir de l'Autorité ecclésiastique. Aussi, adopta - t - elle de grand cœur, comme l'expression de la volonté céleste, les

Constitutions du Vénérable abbé de la Salle, que lui proposa son supérieur. On vit alors cette femme admirable, parvenue à l'âge de 82 ans, renoncer à ses propres règlements, aux pratiques pieuses de toute sa vie, et se soumettre, avec une docilité parfaite, à tous les points des nouveaux statuts. Ceux-ci, du reste, étaient en harmonie avec les usages, l'esprit et le but de la Communauté. Marie-Madeleine fixa comme essentiels les articles concernant l'esprit de pauvreté, d'abnégation et de simplicité, vertus qui forment encore le cachet distinctif de l'Institut de la Miséricorde.

La communauté passa trente ans sans prendre d'extension. Longtemps le personnel se composa d'une quinzaine de religieuses. Confiant à Dieu les progrès de l'Œuvre, la sage Fondatrice priait, s'humiliait, attendait patiemment. Pour rien au monde, elle n'eût voulu par des fondations prématurées, devancer l'heure de la Providence. Cette heure sonna en 1839 (1), époque où l'on commença à rebâtir l'église. A partir de là, les vocations abondent. Dieu semble attacher une bénédiction large et féconde à la réédification de son temple. Alors brille à tous

(1) Le 27 septembre 1838, mourut à l'Abbaye, le charitable M. Davy de Boisval, ancien curé de Saint-Sauveur. Sa mémoire est en vénération dans la contrée. Il naquit riche, il mourut pauvre. Par ses leçons et ses libéralités, il procura l'instruction secondaire à plus de 150 ecclésiastiques, au sortir de la Révolution.

les regards une double merveille humainemer
inexplicable. A l'étonnante reconstruction de la ba
silique correspond le développement non moins pr
digieux de l'Institut. Deux cents religieuses de
Miséricorde se groupent autour de la bonne Mèr
En peu d'années leur nombre a plus que décupl
Ajoutons que, depuis lors, ce surprenant accroisse
ment ne s'est pas ralenti. Le grain de sénevé est d
venu un grand arbre. Assurément le doigt de Die
est là. Légalement reconnu, honoré d'un *br*
laudatif par le Saint-Siége, l'Institut des Sœurs d
Écoles Chrétiennes de la Miséricorde constitue
plus florissante communauté du diocèse de Cou
tances. C'est ce qu'avait prédit l'angélique enfan
Aujourd'hui (1875) on compte environ mille rel
gieuses de la Miséricorde, réparties dans cer
soixante maisons, dont neuf à Paris et quinze e
Allemagne. Leur but est la direction des écoles, d
orphelinats, des ouvroirs, des crèches et des sall
d'asile. « *Faire le plus de bien de possible, en*
cachant le plus possible, » tel est l'idéal que s'effo
cent de réaliser, à l'exemple de leur Mère, les fill
de l'humble Marie-Madeleine.

Nous avons anticipé sur l'ordre des faits, pou
embrasser d'un coup d'œil la double mission prov
dentielle confiée à Julie Postel. On peut affirm
que toutes ses œuvres n'étaient que le rayonne
ment et l'épanouissement d'une grande et for
pensée : le zèle de la gloire de Dieu. Elle n'ignora

pas que Dieu n'est jamais plus glorifié que par la sanctification de ses élus. Aussi recherchait-elle avec autant de constance que d'ardeur tous les moyens, toutes les occasions de perfectionner et d'embellir son âme. Sa vie intérieure semblait grandir à mesure que ses forces naturelles diminuaient. Malgré son grand âge et ses infirmités, elle demeurait parfois à genoux durant trois ou quatre messes consécutives. Tous les ans, depuis le soir du Mercredi-Saint jusqu'à la fête de Pâques, elle s'abstenait de prendre aucune nourriture. Les terribles instruments de pénitence qu'elle portait constamment, à l'insu de tout le monde, sauf de son directeur, ne lui permettaient de reposer ni le jour ni la nuit. Survenait-il quelque adversité, elle se plongeait avec abandon dans le sein de la Providence, acceptant l'épreuve avec une inaltérable sérénité ; « *Viens, ô Croix*, répétait-elle alors, *viens que je t'embrasse.* » Les affaires de la terre, les nouvelles du siècle la trouvaient insensible et muette. Mais parlait-on de Dieu, de l'éternité, du salut des âmes, des pauvres, des orphelins, de sa chère église, alors son regard s'illuminait et sa parole jaillissait en traits de flamme. Au contact de cette âme céleste, on se sentait embrasé de l'amour divin et tout embaumé de la bonne odeur de Jésus-Christ. Sa vie active, laborieuse, n'interrompait point son union intime et familière avec son céleste Époux ; on la surprenait parfois conversant avec Dieu, au milieu du travail, comme un ami avec son ami et presque face à face.

Néanmoins Marie-Madeleine sentait, par l'épuisement de ses forces, que le moment de la récompense était proche; il était facile de voir qu'elle le connaissait à l'avance. Sa conversation ne quittait les Cieux que pour adresser ses dernières recommandations à ses bien-aimées filles. Deux jours avant sa mort, elle éprouva une faiblesse. L'aumônier accourut et lui administra l'Extrême-Onction. Elle reçut ce sacrement debout et avec les sentiments de la plus vive piété. La réception du saint Viatique fut remise au lendemain. Le matin venu, quelle ne fut pas la surprise et l'admiration générale, quand on aperçut la mourante se traîner par un effort héroïque jusqu'à la chapelle, assister et communier à la messe ! Son ardent amour pour le Dieu de l'Eucharistie, l'avait revêtue d'une force surhumaine qui semblait défier la mort elle-même. Le jour suivant, qu'elle avait désigné comme devant être le dernier de sa vie, elle reçut le saint Viatique avec une joie et un bonheur inexprimable. « *Oh! que je suis heureuse,* » dit-elle. Un de ses derniers actes fut de chercher et de montrer du doigt, comme son testament, cette maxime de saint Bernard : « *Le religieux est un homme de travail, ou plutôt le travail même.* » Son état s'aggrava dans la journée. Enfin, vers trois heures du soir, elle s'endormit doucement et sans agonie, de la précieuse mort des justes, à l'âge d'environ

)o ans. Ce jour-là, 16 juillet 1846, l'Eglise célébrait
a fête de N.-D. du Mont Carmel.

Sous le chevet du pauvre grabat, véritable lit de
camp, on trouva un grand cilice et un corset héris-
sé de pointes de fer et rouge de sang. Telle est la
vie, telle est la mort des saints. L'exercice héroïque
de la mortification, réglé par l'obéissance, leur
donne une vigueur d'âme extraordinaire, les élève
à une haute perfection et attire la bénédiction divine sur toutes leurs œuvres.

Les précieux restes de la servante de Dieu repo-
sent dans la chapelle de la Croix. De nombreux et
éclatants prodiges se sont opérés auprès de son
tombeau ou par son intercession. Ces faits merveilleux que la science humaine ne peut ni produire ni
expliquer, que l'Église seule peut déclarer miracu-
leux, ne témoignent-ils pas que le Seigneur désire
glorifier un jour son épouse, en la plaçant sur les
autels ? C'est ce qu'a compris l'Autorité diocésaine.
Aussi a-t-elle recueilli plusieurs documents à l'effet
d'obtenir du Saint-Siége, l'introduction de la cause
de béatification (1).

La longue carrière de l'édifiante Marie-Madeleine

(1) Voici le témoignage que rendait de la Mère Fondatrice,
Mgr Dancel, mort évêque de Bayeux, qui, pendant plus de
30 ans, fut en relations constantes avec elle, à titre de vicaire-
général de Coutances, de protecteur, de confesseur et de supérieur de la Communauté : « *C'est une âme que le monde ne con-
naîtra jamais et que certainement Dieu glorifiera un jour.* »

offre un modèle achevé de ferveur chrétienne et de perfection religieuse. Toutes les vertus y resplendissent du plus vif éclat. C'est la manifestation lumineuse d'une grande âme, d'un grand cœur. Là, rien de petit, de vulgaire, de terrestre ; tout y est grand, noble, surnaturel. Tout y est animé de la vie divine ; tout y respire le plus pur amour de Dieu et des âmes ; tout y est pénétré de l'esprit de renoncement et d'humilité. Marie-Madeleine se considérait comme un simple instrument aux mains du céleste Ouvrier. Aussi le Tout-Puissant l'a-t-il choisie en vue de trois œuvres merveilleuses : la réédification d'une magnifique église ; la fondation et le prodigieux développement d'un nouvel Institut ; et surtout l'éminente sainteté d'une humble religieuse de notre pays et de notre temps.

A la pratique de toutes les vertus, la digne supérieure joignait les leçons de la plus profonde sagesse, les conseils de la plus haute perfection. On y reconnaît partout le langage de la foi. Citons quelques-unes de ces remarquables sentences qui sont comme le testament de la vénérée Mère.

« *Si l'on connaissait bien la grandeur du prêtre, on se prosternerait pour baiser la trace de ses pas.*

Nous devons donner à Dieu tout notre cœur, sans réserve, sans retour : l'arbre et les fruits.

Attendre tout de Dieu seul ; ne compter jamais sur un bras de chair, quelque respectable qu'il soit.

Nous plonger dans la volonté de Dieu, comme le poisson dans l'eau.

Etre aux mains de nos supérieures, comme l'argile aux mains du potier. Obéir, c'est aller au Ciel sur les épaules d'autrui. Nous devrions obéir au plus petit enfant, s'il avait autorité sur nous.

En montant au Ciel, Notre-Seigneur ne nous a pas laissés orphelins ; il nous a légué ses trois plus intimes compagnes : la pauvreté, la souffrance et l'humiliation. On fait encore un assez bon accueil aux deux premières, parce que la nature y trouve parfois quelque compensation ; quant à l'humiliation, on la laisse tout simplement à la porte. Oui, les croix d'or ou d'argent, on les accepte volontiers ; aux autres on donne ordinairement un coup de pied.

Nous devons être les mères des enfants, surtout des orphelins, et gagner ces jeunes cœurs au bon Dieu.

Chaque sœur enseignante doit sauver au moins mille âmes dans sa carrière : un tiers parmi ses élèves, et les deux autres tiers, par l'influence des enfants sur leurs parents, par ses prières et par l'édification qu'elle donne. Quand vous aurez empêché la plus petite enfant de verser une seule larme, dites : Soyez-en béni, mon Dieu !

Tant que nous serons persuadées que nous ne sommes pour rien dans l'œuvre de Dieu, il bénira nos efforts. Il n'a pas besoin de nous ; il est assez bon ouvrier pour faire son ouvrage avec de mauvais outils; mais il les veut souples.

Ayons de la simplicité dans tout : dans nos paroles, dans nos manières, dans nos habits, dans notre maintien.

Souvenons-nous que les petites vertus font les grands saints.

Les Filles de la Miséricorde doivent s'efforcer de recueillir tous les points de la règle comme autant de fleurs, pour les offrir à Jésus-Christ tous les jours de leur vie, et n'en laisser flétrir aucune par leur négligence; mais le conjurer humblement qu'il daigne les arroser des eaux vivifiantes de la grâce, jusqu'à la bienheureuse Eternité. »

VIVE JÉSUS DANS NOS CŒURS !

A JAMAIS !

Sources : Vie édifiante de la très-honorée supérieure Marie-Madeleine, par M. l'abbé Delamare (mort archevêque d'Auch). Discours prononcé à la consécration de l'église de l'Abbaye de Saint-Sauveur-le-Vicomte, par M. l'abbé Guilbert, vicaire-général, curé de Valognes (aujourd'hui évêque de Gap).

Approbatur.

† J. P. Episcop. Cons. et Abr...

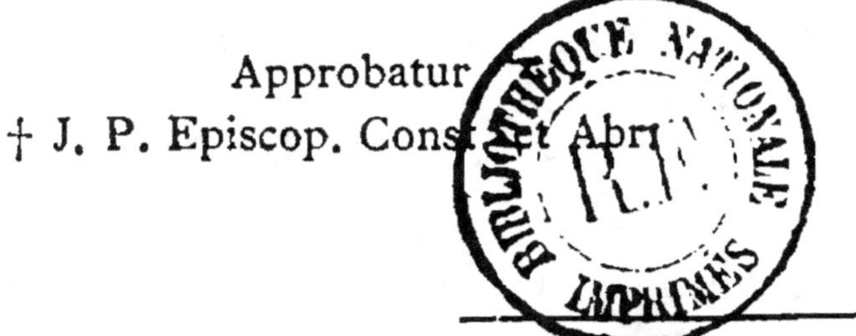

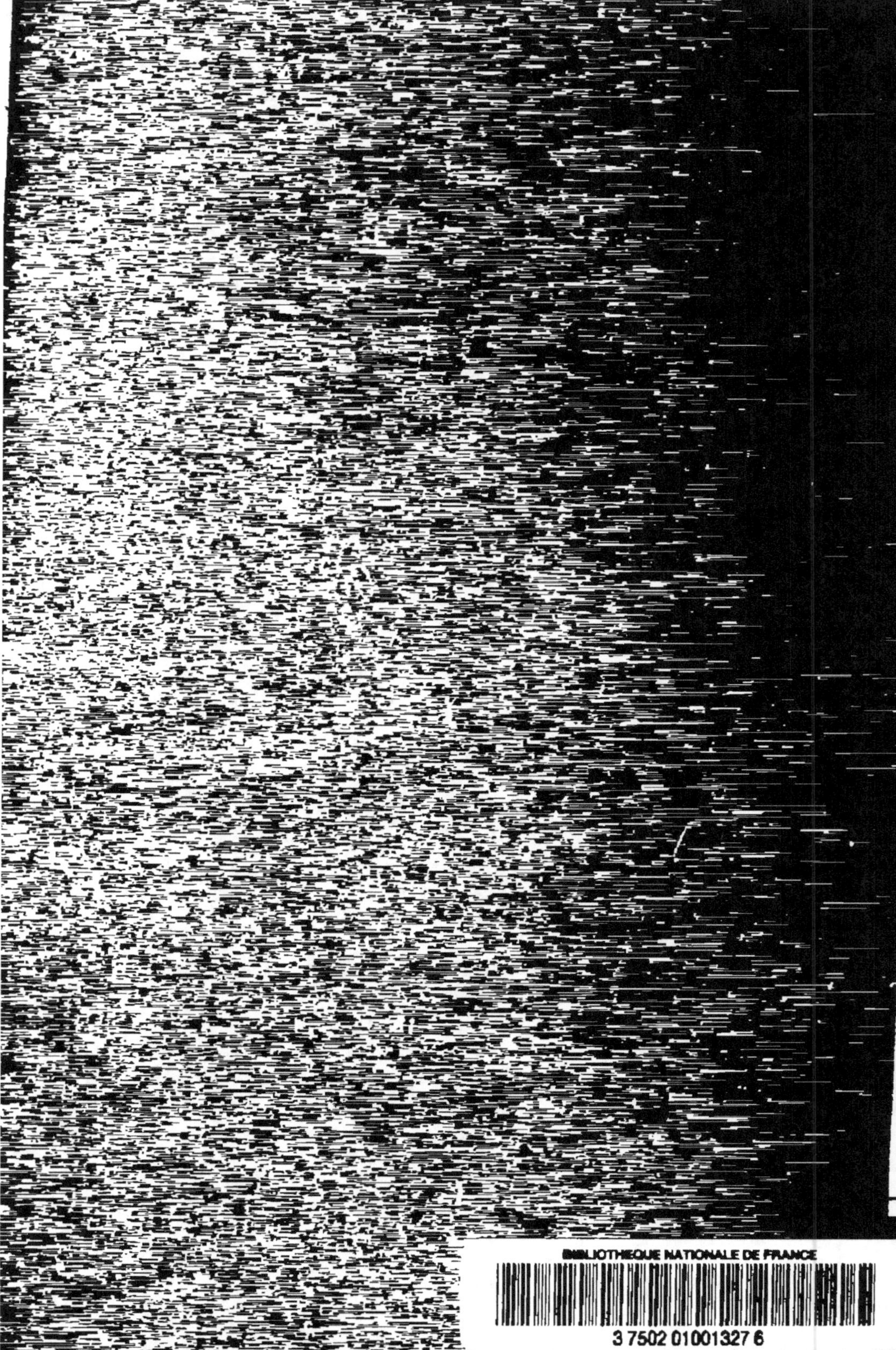

DU

DROIT AU TRAVAIL

ET

DU DROIT A L'ASSISTANCE,

PAR M. VILLERMÉ FILS.

PARIS

CHEZ GUILLAUMIN ET Cᵉ, LIBRAIRES,

Éditeurs du *Journal des Économistes*, de la *Collection des principaux Économistes*,
du *Dictionnaire du Commerce et des Marchandises*, etc.

Rue Richelieu, 14.

1849

DU DROIT AU TRAVAIL [1]

ET

DU DROIT A L'ASSISTANCE.

En général les socialistes se plaisent à invoquer hautement les droits qu'ils prêtent à l'homme, mais parlent beaucoup moins des devoirs qu'il est tenu de remplir. Ces droits, ou prétendus droits, ils devaient, par suite de leur tendance à recourir sans cesse à l'Etat, les réclamer de préférence contre l'Etat, et c'est ce qui a eu lieu.

Le droit au travail, comme ils disent, et celui à l'assistance ont, entre autres, donné dans ces derniers mois naissance à une polémique et à des discussions trop importantes pour que nous ne nous en occupions pas quelques instants ; d'autant plus qu'ils sont devenus, le premier surtout, le véritable cri de guerre du socialisme dans ses attaques contre la société.

Il est bon d'observer d'abord que des droits de cette nature se conçoivent en faveur d'esclaves, mais non en faveur d'hommes libres. L'indépendance, la liberté, en rendant l'individu responsable de ses actes parce qu'elle l'en fait le maître, est radicalement contradictoire avec de semblables prétentions. De la part de l'esclave, et de celle de l'enfant, on les comprend, on les approuve, puisque ni l'un ni l'autre, celui-ci comme incapable par son âge, celui-là comme incapable par sa condition, ne peut se guider seul, acquérir et posséder ; mais du moment que leur émancipation est obtenue, quel titre pourraient-ils se réserver et produire en bonne justice pour s'en remettre à d'autres du soin de leur entretien ou de la prévoyance de leurs besoins ? Choisissons telle manière d'être qu'il nous plaira, pourvu qu'une fois un parti pris nous en acceptions franchement les conséquences, et ne venions pas ainsi demander à toute combinaison les avantages qu'elle présente sans vouloir nous soumettre aux inconvénients d'aucune. Si nous désirons prendre un tuteur, ne prétendons pas rester libres ; si nous souhaitons rester libres, ne chargeons personne autre que nous-mêmes de régir nos intérêts et de nous procurer le nécessaire ; or, proclamer le droit au travail et à l'assistance, c'est reconnaître à l'Etat le droit de contrôle et de surveillance sur l'emploi de nos facultés, sur nos besoins et sur nos ressources ; c'est, en un mot, renoncer à notre liberté.

Tout droit, d'ailleurs, a pour corrélatif un devoir correspondant de la part de celui contre lequel on peut l'exercer. Le devoir de l'Etat serait donc de nous fournir du travail, et, à défaut de travail, une assistance suffisante ? Mais quelle garantie alors donner à l'individu pour l'exercice de son droit, à la société pour lui éviter des réclamations intempestives ou désordonnées ? Mille conflits s'élèveront nécessairement de temps à autre ; et, le plus souvent, il faudra recourir aux tribunaux et aux sanctions pénales, afin d'assurer de part

---

[1] Ce fragment est emprunté à un travail complet, intitulé : *Socialisme, misère et charité*, que prépare M. Villermé fils.

et d'autre l'accomplissement des obligations mutuelles. Nous verrons tout à l'heure si on peut espérer jamais une solution et un accord satisfaisants.

C'est parce que l'on comprend mal le rôle que doit jouer l'Etat qu'on lui demande ces nouveaux services dont on ne doit cependant ni ne peut e rendre responsable ; car assurer des secours et du travail à tout homme qui en a besoin, c'est faire naître et favoriser l'imprévoyance et la paresse, c'est agir comme ces couvents d'Espagne contre les aveugles distributions desquels on a tant déclamé avec juste raison, mais dont il ne faudrait pas vouloir, sous un autre nom, copier les abus. Le gouvernement provisoire, imprudemment conseillé par quelques-uns de ses membres, peut-être même menacé par des exigences extérieures et armées, crut devoir, dès ses premiers actes, garantir [1], dans une proclamation funeste en conséquences anarchiques, le travail à tous les citoyens, l'existence par le travail à tous les ouvriers.

On avait été mal inspiré en allant ainsi ramasser dans la Déclaration des droits de l'homme de mensongères promesses [2].

Attirés par cet appât, tous les hommes inoccupés affluèrent aussitôt à Paris; pour conserver aux citoyens un peu de travail, il fallut brutalement et injustement repousser, exclure, d'abord les ouvriers étrangers, ensuite ceux qui appartenaient à certaines provinces éloignées : les capitaux, effrayés par ces tendances, par les menaces des uns, par les processionnelles promenades des autres, cessèrent de circuler ; bientôt il fallut créer, sous le nom d'ateliers nationaux, de véritables ateliers de charité, puis les restreindre, puis les dissoudre, puis les combattre, et, une fois leur révolte vaincue, les doctrines perverses qui les avaient engendrés et qu'ils ont propagées subsistant toujours, il faut aujourd'hui encore voir monter sans cesse le flot de la misère, décroître sans cesse le crédit, diminuer les ressources, augmenter les complications, heureux si nous ne devons pas enfin tomber pour y périr jusqu'au fond de l'abîme [3]. Plus sage que le gouvernement provisoire, l'Assemblée nationale n'a pas voulu, elle, inscrire dans la Constitution une source aussi active de désordre et de ruine; pourquoi n'a-t-elle pas, prudente jusqu'au bout, écarté aussi le devoir de l'assistance par l'Etat? Elle eût épargné à elle-même des reproches mérités [4], au pays, peut-être, de nouvelles secousses et de sérieux embarras. Ce n'est point en vain qu'un principe est posé dans une loi, l'esprit populaire sait malheureusement en déduire toutes les conséquences, même les plus funestes; et en bonne politique il faut, non pas promettre plus qu'on ne peut tenir, mais au contraire donner plus qu'on n'a promis.

[1] Le 25 février 1848.

[2] « La société est obligée de pourvoir à la subsistance de tous ses membres, soit en leur procurant du travail, soit en assurant les moyens d'exister à ceux qui sont hors d'état de travailler. » Art. 10 de la *Déclaration des droits de l'homme.*

[3] Ces lignes étaient écrites avant ce retour politique à des idées plus saines, et qui commence à faire renaître la confiance et le crédit.

[4] « Sur quoi peut reposer le droit à l'assistance? Evidemment, sur ce principe que tout homme, en naissant, a reçu de Dieu le droit de vivre. Or, voilà le principe qui, justement, fonde le droit au travail. Si l'homme a droit à la vie, il faut bien qu'il ait droit au moyen de la conserver. Ce moyen, quel est-il ? Le travail.

« Admettre le droit à l'assistance et nier le droit au travail, c'est reconnaître à l'homme le droit de vivre improductivement, quand on ne lui reconnaît pas celui de vivre productivement : c'est consacrer son existence comme charge, quand on refuse de la consacrer comme emploi, ce qui est d'une remarquable absurdité. »

M. Louis Blanc, *Droit au travail.* Réponse à M. Thiers, p. 78 et 79.

Or, supposons, ce qui est inévitable ou le deviendra bientôt, que l'État, malgré ses engagements, ne puisse pas satisfaire à tous les besoins qui se produiront, à toutes les réclamations qui se feront entendre ; qu'en résultera-t-il ? C'est qu'on aura inscrit là le droit à l'émeute, la reconnaissance d'un devoir de la part de l'administration donnant à chaque citoyen le droit logique (que l'impatience populaire soutiendra à main armée) d'exiger la mise en œuvre de ce à quoi on s'est engagé envers lui. Et c'est ainsi qu'on a pu dire que les insurgés de juin étaient seulement d'impitoyables créanciers venant signifier à coups de fusil le protêt, faute de payement, de la lettre de change signée à leur profit dans l'impraticable décret qui, le 25 février 1848, promettait à nos ouvriers le droit au travail et l'organisation définitive de celui-ci.

Non, l'État, c'est-à-dire le gouvernement, ne doit rien à ses administrés que ce pourquoi il existe, à savoir : la protection à l'étranger de leur honneur et de leurs intérêts, et une bonne police nationale ; promettre davantage, c'est mentir ou s'engager dans une longue voie d'abus et de vexations, c'est insinuer, c'est presque proclamer un véritable régime communiste.

Examinons dans leurs détails, pour en donner la preuve, ces brûlantes questions :

« Nous voulons le travail, comme droit et comme devoir, et sous la garantie de la Constitution, pour tout le monde. Le droit à l'assistance, dont on nous entretient avec une philanthropie hypocrite, n'est que le corollaire, la sanction du droit au travail ; c'est l'indemnité du chômage. »

Ainsi parle M. Proudhon [1], ainsi disent avec lui tous les socialistes.

Si par ces mots on entend la permission de travailler, chacun comme il lui plaît, sans être gêné par des lois arbitraires dans l'entier exercice de ses facultés, sans être exclu par d'iniques prérogatives de telle ou telle profession qu'il désire suivre, toutes les carrières restant ouvertes à l'activité de tous, en tant que la sécurité publique ne s'en trouve pas compromise ; si par ces mots on veut exprimer l'imprescriptible liberté qu'a chaque citoyen de débattre avec celui qui l'emploie les conditions, le salaire du service qu'il rend, j'allais dire qu'il vend, certes, nous aussi, nous invoquons, nous proclamons ce droit : seulement, c'est s'y prendre un peu tard. Dès 1776, un des plus libéraux et des plus remarquables administrateurs qu'ait eus la France, Turgot, dans un édit resté célèbre, établissait et faisait reconnaître ce droit violé jusqu'alors. Mais si par là on prétend décréter que chaque homme peut exiger le travail qui lui manque, sinon des autres hommes individuellement, du moins de l'État, qui ne représente cependant que la collection des individus, nous ne saurions plus admettre un droit pareil, ou mieux un abus et une injustice aussi excessifs. Souscrire un titre semblable, en effet, c'est donner lieu à mille procès et à mille révoltes ; c'est rendre impossible, détruire radicalement toute subordination, toute hiérarchie, donc toute fabrication, parce qu'au moindre prétexte, à tort ou à raison, l'ouvrier mécontent, pour ne pas obéir à un ordre, pour se venger d'un reproche, pour satisfaire des goûts nomades et inconstants, quittera son travail régulier, son atelier habituel, certain d'en trouver ailleurs un autre [2] en remplacement du premier ; c'est

---

[1] Journal *le Peuple*, n° 1er, manifeste.

[2] Lire à ce sujet le très-bon discours prononcé à l'Assemblée nationale, dans la séance du 2 novembre, par un ouvrier représentant, M. André, qui proteste contre de tels abus.

encore exiger que l'État, afin de pouvoir réserver à chacun la part à laquelle il aurait droit, surveille et régisse toutes les industries, c'est-à-dire les absorbe, les accapare toutes [1], ou au moins qu'il fonde, en concurrence avec l'industrie privée qui en souffrira, et au grand détriment du Trésor public qui ne pourra pas suffire, des ateliers nationaux dans lesquels, tantôt on confectionnerait des objets livrables au commerce, tantôt, quand la demande cessera, on simulerait un labeur inutile pour continuer à servir un salaire qui ne serait plus qu'une aumône déguisée. Proclamer le droit au travail dans ces termes, c'est tromper sciemment les masses en leur faisant croire que l'État pourra substituer ses propres ressources à celles des entreprises et des intérêts individuels, et occuper tous ceux qui le solliciteront, quelque accroissement que prenne le nombre des ouvriers réduits au chômage par les grandes crises politiques et commerciales qui viennent de temps à autre éprouver les peuples. Une pareille garantie supposerait, sous le nom menteur d'organisation, une nouvelle distribution du travail national et de ses produits, et une coercition arbitraire qui remplacerait les lois naturelles engendrées par les rapports de l'offre et de la demande.

Du reste, la reconnaissance de ce singulier privilége en faveur des classes laborieuses n'améliorerait leur sort en aucune manière. La perturbation qui en résulterait chasserait, ou du moins ferait se cacher les capitaux, les rendrait inactifs, et ne tarderait pas à ruiner tout le monde en ruinant les agriculteurs et les chefs d'industrie, c'est-à-dire ceux entre les mains desquels, actuellement, comme toujours, et sans qu'un autre ordre de choses soit possible, le crédit et les valeurs se transforment, se multiplient, pour aller ensuite se répandre partout en nouvelles valeurs, en nouveaux crédits plus considérables, et par conséquent plus accessibles que ceux employés d'abord à les produire.

Que si l'État, reculant devant une charge aussi lourde, veut obliger le chef d'usine à garder ses ouvriers au delà des limites que la loi assigne aujourd'hui à leur renvoi, à les employer, à les payer toujours dès qu'il les a une fois appelés dans ses ateliers, alors qu'il déclare cependant ne pouvoir plus utiliser leurs bras, il en résultera, le patron ne cessant de produire que parce que les consommateurs eux-mêmes lui manquent, que ces salaires achèveront d'absorber ce qui lui restait encore, et qu'au lieu d'une crise momentanée, on amènera infailliblement une faillite générale. L'un, grâce à des épargnes plus fortes, résistera plus longtemps ; l'autre, moins riche, succombera plus tôt, mais en somme, dans un laps de temps déterminé et facile à prévoir, tous seront épuisés sans exception aucune, la fortune de chacun étant détruite par ces salaires perpétuels que le défaut de vente rendra improductifs. Et, sous un ordre de choses tel que celui réclamé par nos adversaires, ce triste résultat serait bien vite atteint, la seule promulgation du droit au travail paralysant aussitôt, tuant à tout jamais l'activité sociale, parce qu'elle garantirait la paresse de ceux-ci, et refuserait abusivement à ceux-là la liberté, l'individualité, l'initiative dans la gestion de leurs propres intérêts. Pourquoi ne pas demander tout de suite et proclamer le droit à l'oisiveté, et à la ruine commune ?

---

[1] « Le droit au travail, qu'on le sache ou qu'on l'ignore, implique nécessairement l'organisation du travail. » M. F. Vidal, *Vivre en travaillant*, page 9.

Néanmoins, supposons un instant que la société ait, dans un accès de vertige, commis la faute de souscrire à ce droit étrange et qu'elle veuille loyalement en faire jouir tous ses membres : bientôt elle verra la masse des citoyens s'abandonner d'autant plus aux sollicitations instinctives de la paresse, qu'il y aura pour ceux qu'elle emploie plus de certitude de recevoir leur dividende quotidien. Par suite de l'inactivité des travailleurs transformés ainsi en véritables pensionnaires du Trésor, les ressources publiques, sans cesse absorbées par eux et jamais alimentées par leurs produits, diminueront, ne pourront bientôt plus suffire, manqueront enfin, de sorte que l'Etat ne pourra pas tenir ses promesses, lors même qu'il voudrait prolonger de quelques jours l'agonie générale en spoliant ceux qui auraient encore conservé quelques ressources personnelles.

Pour obvier à une telle catastrophe, il faudra sans doute que des magistrats inquisitoriaux puissent recourir à la force, punir, au besoin avec toute rigueur, le paresseux, le fainéant et même le nonchalant qui, satisfaits d'avoir leur nourriture assurée, refuseraient de rembourser en une somme suffisante de travail le salaire reçu. Alors, quelle mesure adopter, quand il s'agira d'apprécier et de contraindre les forces et l'activité naturelles de chacun ?

L'obligation imposée à la société de fournir du travail à tous ceux qui lui en demanderont nécessiterait donc, de la part du solliciteur, l'obligation réciproque d'accomplir celui qui lui aura été assigné. Mais ces mutuelles obligations ne seraient plus, à bien dire, que de mutuelles servitudes ; or, c'est un droit à la liberté et non à la servitude que veulent réclamer, je suppose, nos adversaires.

D'ailleurs il y a lieu de s'étonner que, sous un régime républicain, avec des prétentions à une égalité parfaite, on n'invoque ces prétendus avantages qu'en faveur des travailleurs manuels. Est-ce que le capital qu'un homme s'est accumulé, l'intelligence dont la nature l'a doué, les talents qu'il a su acquérir, n'ont pas, eux, un titre égal à être employés, puisque ce capital, cette intelligence, ce talent, constituent son gagne-pain tout comme le sont pour le manouvrier les muscles de ses bras ou ceux de ses épaules ? Si donc vous admettez le droit au travail, il faut, pour être justes, aller plus loin encore que vous ne le supposiez, reconnaître et maintenir en faveur du capital, en faveur de l'intelligence, en faveur de l'adresse et du talent, le même droit que celui que vous sollicitez aujourd'hui en faveur des mains des salariés. Or, comment tenir de semblables promesses ?

Et puis, quel ouvrage donnerez-vous à faire ? Evidemment celui pour lequel le réclamant a de l'aptitude, celui qu'il a jusqu'à ce jour appris et pratiqué ; sans quoi ce serait ne sanctionner que la force et le travail musculaires, en mettant hors la loi toutes les autres forces, tous les autres travaux. Si, enfin, vous ne procurez pas à chacun l'occupation spéciale qu'il viendra vous demander, vous n'aurez fait que déguiser, sous une phrase prétentieuse, la mensongère promesse d'une véritable aumône, d'une simple assistance, puisque ni un artiste, ni un poëte, ni un légiste, ni un médecin, ni même un tailleur ou un ciseleur, habitués qu'ils sont à de toutes différentes occupations, ne gagneraient réellement la journée que vous leur payeriez pour remuer de la terre ou pour casser des cailloux sur nos grandes routes. C'est ce qu'a compris et avoué, au milieu de ses paradoxes, le meilleur dialecticien et le plus habile des sophistes contemporains : « Le droit au travail, a-t-il dit, est le droit qu'a chaque citoyen, de quelque métier ou profession qu'il soit, d'être toujours occupé dans son industrie, moyennant un salaire fixé, non pas arbitrairement et au hasard, mais d'après le cours actuel et normal des salaires [1]. »

On devra donc assurer à l'orfévre des bijoux, au peintre des tableaux, à l'avocat des procès, au médecin des malades, au poëte des romans et des drames, tout comme au bottier des chaussures, au tailleur des habits, au terrassier des fossés à creuser, ou au maçon des murs à construire. Pour atteindre cet impossible résultat, ou plutôt pour essayer de l'atteindre, il faudrait que l'Etat commençât par réglementer l'entrée dans toutes les carrières, par limiter les productions et les consommations de chacun, par préciser le but et l'exercice de toutes nos facultés; il faudrait, avouons-le, qu'un brutal despotisme nous eût tansformés en troupeau de dociles esclaves qu'on mène manger, coucher et travailler où, quand et combien le combine et l'ordonne leur maître. Aveugles ou peu francs sont ceux qui appellent cela l'organisation du travail, et séduisent le peuple en lui promettant avec de tels remèdes une société meilleure !

En présence de ces insurmontables obstacles, faute de pouvoir établir entre les choses un autre ordre de rapports que celui imposé par le choix et le décret de la Providence, ce sera donc aux ateliers de charité, naguère ouverts sous le nom d'ateliers nationaux, qu'il faudra revenir. Mais n'avons-nous pas déjà fait de ce palliatif une assez triste expérience ? La France n'a-t-elle pas payé assez cher leur corruptrice oisiveté, la garde nationale et l'armée n'ont-elles pas assez longtemps veillé, versé assez de sang pour les combattre, qu'on demande une seconde épreuve, laquelle, hélas ! aboutirait au même résultat ? Dans sa brochure intitulée : *Droit au travail, Réponse] à M. Thiers*, M. Louis Blanc proteste, et ce dire a été confirmé par M. Vidal, dans son livre : *Vivre en travaillant*, que ces foyers de désordre ont été institués à Paris, non pas seulement sans sa participation, mais aussi contre lui-même. J'avoue que le système de M. Louis Blanc repose sur la création d'usines nationales appropriées à chaque profession spéciale, et non point sur l'improductive ouverture de semblables ateliers de charité; cependant cette mesure contre laquelle il proteste est, à moins d'une organisation arbitrairement, tyranniquement et immédiatement communiste, donc impossible, de la société, l'inévitable conséquence de la proclamation du droit au travail, car elle permet seule d'assurer aussitôt à tout demandeur un emploi qu'il ne trouve plus et que l'Etat ne peut pas encore lui procurer dans l'industrie qu'il avait l'habitude d'exercer. Or, quels seront ces ateliers communs ? évidemment ce seront encore, ce seront toujours des ateliers de terrassement ou d'autres du même genre, puisqu'un labeur spécial exigeant un apprentissage préliminaire ne saurait être accompli par tout venant.

Ce que coûtera le remblai ou le déblai de cent mètres cubes de terre opéré par des ouvriers de luxe, par des sculpteurs, des artistes, des médecins, des hommes de lettres qui, sans doute (cela s'est bien vu en 1848), seraient parfois obligés de recourir à ce refuge, on ne peut le calculer. Le salaire de tels hommes serait vraiment une aumône, car il n'y a de travail digne de ce nom que celui dont le produit atteint une valeur égale au moins aux frais de sa production.

---

[1] M P. J. Proudhon. *Le Droit au travail et le droit de propriété*, p. 12.

Assuré de recourir à l'Etat quand il manquerait d'ouvrage, sollicité par la loi, cédant à ses mauvaises suggestions, chaque citoyen, on le prévoit bien, perdrait peu à peu toutes habitudes d'ordre et d'économie ; mais (même en y maintenant le prix de la journée à un taux inférieur à celui payé par l'industrie libre) ces ateliers, parce qu'ils devraient en définitive, pour répondre à leur but, assurer à l'homme inscrit sur leur contrôle le strict nécessaire, seraient encore un agent déplorable de grève contre les fabricants toutes les fois qu'il plairait aux ouvriers d'imposer à leurs patrons des tarifs nouveaux, quelque ruineux qu'ils dussent être pour beaucoup de ceux-ci et par suite pour l'E-tat qui serait forcé ensuite d'entretenir et les maîtres ruinés et les ouvriers restés sans ouvrage. En outre, ils seraient toujours un germe actif de dé-moralisation, non pas seulement parce qu'ils aggloméreraient sans prudence une foule d'individus de toute origine, de tout âge, de toutes mœurs, non pas seulement parce que, offrant à leurs enrôlés peu de travail à faire, ils les habitueraient à la paresse [1]; mais même parce qu'ils seraient pour l'ouvrier resté honnête et laborieux une continuelle tentation qui en pervertirait beaucoup, en invitant quiconque à venir y satisfaire les goûts de *far niente* que nous a donnés la nature. Dès avril et pendant mai 1848, les fabricants ne se plaignaient-ils pas à Paris de ne point toujours trouver assez de bras pour remplir les rares commandes qui leur restaient encore, leurs anciens ouvriers préférant la solde minime, mais reçue sans fatigue, des ateliers nationaux à un gain plus considérable qui aurait exigé d'eux plus d'assiduité et plus d'efforts [2] ?

---

[1] De prétendus ateliers nationaux avaient aussi été ouverts en 1789. M. de La Roche-foucauld fut obligé de venir demander la cessation de cette coûteuse expérience. Recon-naissant bientôt l'inutilité du travail qu'ils offraient, les ouvriers ne les avaient pas voulu prendre plus au sérieux que ne l'ont fait nos enrôlés de 1848, et ils n'apportaient aucun zèle à leur travail. Les nôtres jouaient au bouchon et battaient ceux qui, par scrupule de conscience, voulaient réellement fournir quelque travail en échange de la solde reçue.

[2] En résumé, si les ateliers nationaux offrent aux hommes inoccupés le travail auquel ceux-ci ont l'habitude de se livrer, ils augmentent et prolongent la crise en multipliant sur le marché les produits qui déjà ne trouvent point d'écoulement ; car, si ces produits en trouvaient, l'industrie privée n'aurait pas congédié ses ouvriers.

S'ils offrent un travail que tout le monde puisse faire sans apprentissage, comme ce ne peut être qu'un travail grossier, que des mouvements de terrain ou autres occupations de cette nature, les hommes qui n'ont pas l'habitude de travailler à la terre n'indemnise-ront pas l'Etat de ses sacrifices, finiront même par le ruiner quand ils seront payés à la journée, ou ne gagneront pas leur vie quand ils seront payés à la tâche. Ajoutons à tous ces inconvénients celui de démoraliser les ouvriers qui s'enrôlent, en les habituant à la paresse qui règne dans ces prétendus ateliers. En tout cas, faudrait-il ne pas agglomé-rer à Paris, ni dans aucune ville, ces masses de bras déclassés : la plus simple prudence en exigerait le partage et l'envoi sur divers chantiers tenus à une certaine distance les uns des autres.

C'est à Lyon que (du moins en 1837) le travail a été, jusqu'à ce jour, offert aux ou-vriers dans les temps de chômage et de crise avec le plus de sagesse. Au lieu de faire entreprendre à ses frais des travaux inutiles et onéreux, la ville passa des marchés avec les fabricants. Elle leur payait une indemnité satisfaisante, à condition qu'ils continue-raient à ouvrir leurs ateliers. Les produits ainsi obtenus étaient, il est vrai, inoppor-tuns pour les patrons, mais l'indemnité qu'ils touchaient était un dédommagement qui leur permettait de ne point interrompre ; et les ouvriers ne perdirent pas l'habitude de leur travail spécial, ni ne contractèrent sur les grandes routes des goûts funestes de paresse et de vagabondage.

Enfin, ces agglomérations oisives ne peuvent pas tarder à devenir dange-
reuses pour l'ordre public ; non satisfaite par un travail fictif, l'activité des
hommes qui les composent cherche nécessairement un autre aliment, et
elle s'engage volontiers au service de tout démagogue ambitieux ou de tout
Catilina d'estaminet qui veut entrer en lutte avec la société et faire, des
masses aveuglées par le mensonge, étourdies par le sonore de quelques
phrases vides de sens, ou alléchées par d'irréalisables chimères, un marche-
pied à son ambition, un pourvoyeur à ses appétits. Les ateliers nationaux,
quand on les a ainsi exposés à la tentation de la révolte, ne sont plus alors
un système absurde, une faute onéreuse, ils constituent un crime impar-
donnable et doivent être pour leurs organisateurs une source d'éternels
remords.

Observons en dernier lieu que le travail n'étant pas possible d'une manière abstraite, et sans capital pour payer les salaires qui font vivre les
ouvriers, comme aussi sans matière première qu'ils transforment, et sans
instruments à l'aide desquels ils agissent, il s'ensuit que le droit au travail
renferme pour tout bénéficiaire des droits incontestables sur les capitaux,
les matières premières et les instruments qui ne sont pas siens et dont il a
besoin, donc sur la propriété d'autrui. En un mot, c'est établir sur les
ruines du monde civilisé un gouvernement et un régime communistes. Aussi,
lors des débats soulevés à l'Assemblée nationale sur le droit au travail,
M. Proudhon, en réclamant qu'on l'inscrivît dans notre Constitution, laissa-
t-il échapper qu'il le considérait comme une mise en liquidation de la propriété, de la société actuelle, et que, si on l'adoptait, il estimerait avoir fait
prévaloir ses doctrines. Cet aveu, que la Montagne et certains autres socialistes lui ont singulièrement reproché, eut un heureux résultat : l'Assemblée,
d'abord indécise, comprit enfin où on voulait la conduire et repoussa sé-
vèrement un projet qui devait aboutir à la ruine et au chaos [1].

Si, à la suite de publicistes égarés par un prestige de philanthropie et leur
inexpérience des choses, beaucoup d'agitateurs, émeutiers émérites, exploi-
tant tout prétexte pour indisposer les masses et fomenter le désordre, pré-
tendaient hypothéquer sur nos Codes une haute-paye des paresseux et des
libertins, un plus grand nombre des réclamants, surtout parmi les ouvriers,
était de bonne foi dans l'illusion. Mais ceux-là ne savaient pas raisonner, et
la pratique leur aurait bien vite fait faire justice de semblables théories,
ainsi qu'une plus profonde connaissance de ce qu'on leur proposait a déjà
fait faire à beaucoup pour d'autres systèmes absurdes, iniques, impossibles,
dont ils avaient commencé par s'engouer et qui ne leur ont rapporté jusqu'ici et ne leur rapporteront jamais qu'amères déceptions ou triste surcroît
de misère. J'attribue à une fâcheuse confusion dans les idées la chaleur
avec laquelle tant d'hommes ont réclamé comme évident, comme imprescriptible, le droit au travail.

Ce que recherche l'homme, c'est moins la peine que la récompense; ce à quoi
il tient davantage, c'est au salaire et non au labeur. Il préfère souvent, je le
reconnais, le salaire à l'aumône, parce que celle-ci humilie sa fierté, brise

---

[1] Le même aveu se retrouve encore dans les lignes suivantes, écrites par un autre so-
cialiste : « Il est évident que le droit au travail suppose les moyens de travailler, ou le
droit à l'instrument de travail, le droit à l'usage sinon à la propriété de l'instrument. »
M. F. Vidal. *Vivre en travaillant*, p. 175.

son indépendance ; mais comme, en définitive, un travail non salarié ne le peut aider à vivre, tandis qu'un salaire, quoique non acquis par le travail, n'en satisfait pas moins à ses besoins, ce qui surtout flattait l'imagination des classes pauvres, c'était la garantie d'un gain quotidien et suffisant. En résumé, le droit au travail leur semblait être ce qu'au fond il est bien réellement, le droit au salaire. Or, le salaire, surtout lorsqu'il est reconnu dette publique, doit, s'il n'est pas un mensonge, se proportionner aux besoins des réclamants. Comme les besoins de chacun ne sont jamais les mêmes, que chez tel ils sont plus ou moins impérieux, plus ou moins nombreux que chez tel autre, suivant son tempérament, sa force et ses habitudes, il en résulte donc qu'au lieu d'être égal au droit de chaque bénéficiaire, ce qui constitue l'essence même de tout droit, le droit au travail ou plutôt au salaire de chaque citoyen, mesuré, pourrait-on dire, à l'ampleur de son estomac ou à sa délicatesse, varie, s'accroît, se restreint, en proportion des goûts et des appétits individuels [1].

Confusion ! confusion ! Le droit au travail ne peut aboutir à rien autre, puisque, réduisant l'Etat à être le serviteur, l'homme d'affaires de chacun, au lieu de le laisser n'être que le guide et le juge de ses administrés, il viole toute logique, anéantit toute vérité et contredit toute justice.

Les socialistes demandent tout à l'Etat. A les entendre implorer sans cesse son intervention, on dirait que l'Etat peut et connaît toutes choses ; on croirait qu'il possède ou qu'il sait créer d'inépuisables et féeriques richesses. Cependant l'Etat qu'on voudrait voir se charger de nous, depuis notre naissance jusqu'à notre mort, est loin d'être aussi puissant qu'on se plaît à le supposer, puisque ses ressources ne se composent que de ce que lui peuvent ou veulent bien [2] payer, après avoir satisfait à leurs besoins personnels et à leurs dépenses de convenance, les individus qui le composent.

Ce n'était pas seulement pour les hommes aptes encore à travailler qu'on invoquait son secours, en prétendant inscrire dans la Constitution le droit au travail ; on l'appelait aussi à entretenir tous les individus que l'âge, la maladie ou les blessures empêchent de gagner eux-mêmes ce dont ils ont besoin. On demandait donc (et cela était convenable, car il eût été injuste de penser seulement à ceux qui ont la force de travailler), comme complément de l'organisation projetée, le droit à l'assistance. L'Assemblée nationale eut un tort : elle se laissa séduire par des mots, peut-être aussi craignit-elle de se rendre trop impopulaire en refusant tout à la fois ; quoi qu'il en soit du mobile qui l'a déterminée, elle accepta le devoir de la part de la société d'assister les nécessiteux ; en d'autres termes, elle reconnut aux citoyens français le droit à l'assistance.

Si l'exercice de ce devoir n'est pas autre chose que la distribution des secours accordés aux pauvres dès avant la révolution de Février, il était parfaitement inutile de reconnaître et d'insérer dans la loi le droit à l'assistance ; ou, pour employer la synonymie du style officiel, « le devoir de la part de l'Etat d'une assistance fraternelle qui donne, à défaut de la famille, les moyens d'exister à ceux qui sont hors d'état de travailler [3]. »

---

[1] Ceci est également applicable à la critique du droit à l'assistance.

[2] Contributions indirectes, etc.

[3] *Constitution*, préliminaires, § 8. Il est évident pour tout esprit logique qu'insérer oit un devoir, soit un droit, dans la loi, c'est l'élever à la qualité de devoir ou de droit

Si on a voulu seulement éconduire par des mots à double entente les réclamations du parti ultra-démocratique qu'on ne pouvait éclairer, alors on a écrit dans la Constitution un non-sens ou un mensonge. Et c'est assez mal étayer un Code que de l'appuyer sur un non-sens, sur un mensonge, ou sur une cause incessante d'abus et de désordre.

Si, enfin, l'engagement contracté n'est pas une vaine phrase et promet plus qu'on ne faisait, a-t-on eu raison de le prendre, puisque le Trésor ne le pourra pas tenir dans toute l'étendue qu'il devrait logiquement avoir et que certains esprits opiniâtres ne manqueront pas de réclamer ?

Il est d'abord à remarquer que promettre d'entretenir, à défaut des parents, les citoyens qui sont hors d'état de travailler, c'est faire naître deux tentations également mauvaises : — dans la famille, en l'incitant à ne s'imposer pour soutenir ses membres que des sacrifices moindres, ou même à n'en accepter aucun, dès qu'elle pourra compter sur l'intervention de l'Etat en son lieu et place, ce qui sera de sa part à elle une ingratitude, une action immorale, une violation de ses premiers devoirs ; — chez l'individu, en l'engageant trop à ne pas faire d'économies pour les moments de chômage, ou à simuler avant le temps l'impossibilité du travail, ce qui sera de sa part un abus, une véritable escroquerie. Compter d'une manière générale sur la bonne volonté des gens, sur leur franchise et sur leurs efforts assidus, ne serait pas toujours sage ; l'homme, en effet, a une nature paresseuse et égoïste contre laquelle alors il devra souvent lutter.

J'avoue que les socialistes prétendent le contraire. « Que l'on déclare, avance M. Vidal [1], que toutes les fonctions utiles à la société sont honorables, que l'on se conforme strictement à ce principe, et il n'y aura bientôt plus de paresseux... Le travail, même purement physique, n'est pas seulement nécessaire, il est encore plein de charmes. »

Ces phrases, on ne peut s'y méprendre, appartiennent bien à l'école de M. Louis Blanc qui, dans une des funestes conférences du Luxembourg, conseillait de placer dans chaque atelier un écriteau dont la vue seule aurait à tout jamais guéri l'espèce humaine du défaut de paresse. M. Félix Pyat d'un autre côté, pour citer entre mille un nouvel exemple, dans la séance tenue le 2 novembre 1848 par l'Assemblée nationale, a soutenu que le travail était, non

---

légal, donc exigible. Il est aussi évident, et c'est pour cela que j'ai employé le mot de synonymie, qu'un devoir, quel qu'il soit, n'étant jamais que la contre-partie d'un droit de même nature, reconnaître dans la loi le devoir de l'assistance, c'est également reconnaître le droit légal à l'assistance.

Le tort de l'Assemblée a été d'inscrire dans notre Constitution, dans nos Codes, ce qui intéressait la morale. Elle s'est souvenue qu'assister les pauvres était un devoir ; mais elle n'a pas distingué que c'était un devoir moral et non un devoir légal, c'est-à-dire irréfusable. Elle a commis, par suite, l'inconséquence de confondre avec des prescriptions politiques et de police ce qui ne relève que de Dieu et de la conscience.

C'est parce qu'elle a vaguement compris qu'il n'y avait pas là sujet à un droit légal, donc exigible, qu'elle n'a pas inscrit : « Droit à l'assistance. » Si elle eût approfondi davantage, elle aurait vu que, puisqu'elle ne voulait ni ne devait sanctionner un droit semblable, elle ne devait pas non plus sanctionner le devoir envers ce droit ; car c'était précisément déclarer ce qu'elle voulait nier. Elle a senti, en un mot, la différence qui existe entre un droit légal et un droit moral ; mais elle n'a pas su conserver dans son libellé la distinction qu'avait faite sa raison.

[1] *Vivre en travaillant*, pages 244 et 245.

pas une peine et une servitude, mais plutôt un droit et une liberté. Ainsi parlent à peu près tous nos adversaires, je le sais : mais ce que je sais parfaitement aussi, c'est que ces mots-là, mal fondés les uns et les autres, ne sont que sonores et dignes de l'accueil sévère qui leur a été fait, parce qu'ils sont faux en tout point, en même temps que les conséquences qu'on en veut ou qu'on en peut tirer compromettent gravement l'économie et l'existence de la Société.

L'erreur commise par les utopistes provient de ce qu'ils confondent la simple activité avec l'amour du travail. L'homme, par goût, ne reste pas complétement oisif, et, pour rencontrer des êtres abrutis qui se complaisent dans une torpeur absolue, il faut aller chercher ces singulières exceptions dans les déserts maudits de l'Afrique [1] ; mais le même individu qui, pour satisfaire un plaisir, flatter son amour-propre, distraire ses ennuis, aider ses amis et sa famille, se montre capable de consentir aux plus grandes fatigues, aux plus imminents dangers, et cela de gaieté de cœur, ne saura pas se résigner au travail, dès que le travail deviendra pour lui obligatoire, monotone, assidu, quotidien. Louis XVI aimait faire de la serrurerie, parce qu'il en faisait à son heure et à sa guise ; mais je ne crois pas que beaucoup de serruriers, obligés, eux, de travailler pour vivre, de travailler chaque jour, et d'obéir aux ordres d'un patron, aux remontrances d'un chef d'atelier, ou seulement même aux commandes des pratiques, trouvent leur état aussi agréable que le trouvait Louis XVI. Et si la société ne comptait, pour suffire à ses besoins, que des serruriers volontaires comme ce malheureux prince, ouvriers-amateurs engagés par goût à la disposition du public, je craindrais fort que rien ne se fît en temps utile, que parfois même certaines choses ne se fissent pas du tout. Que serait-ce donc s'il s'agissait de professions plus pénibles encore ? Est-ce qu'on croit sérieusement qu'il suffirait de déclarer honorables les professions de laboureur, de débardeur, de récureur d'égouts, d'équarrisseur, pour décider à les embrasser des gens que ne solliciterait pas, que n'obligerait pas l'appât d'un gain nécessaire ? Combien, je le demande, renonçant à leur doux *far-niente* [2], ou délaissant des carrières plus attrayantes, se sacrifieraient, parce qu'on décréterait que leurs services méritent bien de l'humanité, à chaque matin de leur vie, voire même de temps à autre et chacun à tour de rôle (ce qui alors rendrait impossible la bonne confection du travail), à aller sous le vent et la pluie labourer la terre ; à descendre dans l'eau jusqu'à la ceinture afin d'y déchirer de vieux bateaux ; à s'engouffrer dans d'immondes cloaques ; à manier des charognes et, en les dépeçant, utiliser des débris qui n'eussent fait qu'empester les airs ? Or, les professions les plus utiles, celles dont la société humaine a le plus impérieux besoin, sont toutes justement pour ainsi dire les plus fatigantes, souvent les plus sales, les plus rebutantes, celles donc que personne n'embrasserait si les efforts de chacun n'étaient soutenus, stimulés que par le désir de rendre service aux autres, ou par le pur amour du travail.

Si l'amour du travail était naturel à l'homme, l'homme ne se ferait pas,

---

[1] Le proverbe suivant, ai-je entendu dire parfois, est familier aux nègres de certaines peuplades : « Il vaut mieux être debout que travaillant, assis que debout, couché qu'assis, endormi qu'éveillé. »

[2] Il est évident, d'après les observations précédentes, que ce mot signifie dans ma phrase les libres et non régulières occupations que se créent, hors de toute carrière assujettissante, les classes aisées de la société.

partout où il le peut. servir par ses semblables ; il serait toujours, au contraire,
son premier serviteur ; il pourrait bien, afin de surmonter certains obstacles,
associer quelquefois des compagnons à ses efforts , mais ce serait alors pour
s'unir , pour se joindre à eux, non pour les commander et leur laisser la
peine ; enfin, il ne se hâterait pas, aussitôt qu'il a su assurer son avenir et celui de sa famille, renonçant à tout ouvrage manuel, de remplacer celui-ci par
des occupations, ou plutôt par des distractions irrégulières et non obligatoires.
Il n'y a que le savant, l'artiste et le politique qui n'interrompent jamais leurs
études, et cela seulement parce que, dans leurs carrières , l'intelligence joue
un rôle plus sérieux que les membres. L'esprit, en effet, aime et recherche
cette activité continue sans laquelle la science , le talent, le succès, la gloire
en un mot n'est pas possible, autant que le corps préfère à des efforts obligés,
quotidiens, monotones, qui restent inconnus ou sans honneur, la liberté, l'ir-
régularité, la diversité du mouvement et de l'action. Quant au travail manuel,
je ne sache pas qu'on puisse citer beaucoup de maçons , de charpentiers , de
tisserands, fanatiques de leur état au point de le continuer encore quand ils
ont, à force d'ordre et d'économie, accumulé un capital qui suffise à leur entretien et à celui de leur famille.

On usera donc, ou du moins on sera plus enclin à user du droit à l'assistance que du droit au travail, s'ils existent concurremment l'un et l'autre ;
et, si celui à l'assistance a seul été admis, on ne se fera guère scrupule d'en
réclamer le bénéfice, lors même qu'on pourrait s'en passer. En général, je le
répète, on agira ainsi, contrairement aux intérêts du Trésor public, parce que,
ainsi est faite la nature humaine qu'elle trouve le repos préférable à la fatigue, et les douceurs du bien-être plus agréables que le strict nécessaire.

Dans un grand pays voisin du nôtre, en Angleterre, on avait, dès avant 1601,
inscrit dans la loi un droit semblable à celui que nous combattons [1] ; l'expérience a prouvé, pendant de longs siècles, combien sont dangereux de tels principes, et c'est alors que l'Angleterre désabusée commence à revenir à une
voie meilleure, que nous, au lieu de profiter de son exemple, nous irions nous
exposer à tous les abus, à toutes les ruines, à toutes les corruptions et à toute
l'inanité de sa taxe des pauvres ! En effet, quoique le nom proposé ne soit pas
le même ici , la chose ne différant pas au fond, les conséquences seraient
infailliblement semblables. Or, la taxe des pauvres a, dans les comtés qui l'ont
admise, fait baisser la main-d'œuvre en permettant aux travailleurs inscrits,
dont elle complétait le salaire, de soutenir contre les autres ouvriers une active
et funeste concurrence ; fatigué les petits agriculteurs en les surchargeant
d'impôts ; accru le paupérisme en nuisant à la prévoyance ; elle aurait fini
par ruiner l'Angleterre, si celle-ci ne s'était arrêtée sur cette pente fatale [2] : et
voilà ce qu'on nous conseille, ce qu'on nous réclame ! Hélas ! en serait-il des

---

[1] « En effet, on peut faire remonter l'origine de la charité légale, en Angleterre, à une
loi qui, en 1350, défendit aux hommes valides de mendier, et qui , en 1388 et 1530, fut
renouvelée avec des clauses pénales de plus en plus rigoureuses, et accompagnée de
prescriptions relatives au domicile de secours... En 1547, il fut enjoint aux villes et vil-
lages de nourrir leurs invalides, et de donner du travail aux indigents valides ; et en
1572, il fut mis pour ce double objet un impôt sur les maisons, les terres et les dîmes.

« Ainsi s'éleva sur la base de la proscription de la mendicité l'édifice de la charité légale, antérieurement au fameux acte de 1601, auquel on a coutume de l'attribuer. »
Naville, *De la charité légale*, t. II, p. 83 et 34.

[2] L'acte du 14 août 1834 a fait subir diverses modifications aux lois sur les pauvres.

nations comme des individus, auxquels ne profite pas ordinairement l'expérience des autres, et qui ne s'instruisent presque jamais qu'à leurs propres dépens?

Je comprends que l'Etat s'engage envers tous ceux qui lui consacrent leur temps, qui lui font le sacrifice de leurs forces, souvent même de leur vie. C'est bien le moins qu'il aide ou qu'il entretienne ceux qui lui ont donné leur jeunesse, qui ont été blessés à son service, ceux dont les soutiens naturels ont été tués en le défendant ou sont morts en travaillant pour lui; mais quel droit aux mêmes faveurs, à la même reconnaissance pour mieux dire, pourront donc invoquer les citoyens qui ne remplissent pas ces conditions spéciales? Que, par humanité, l'Etat ouvre à d'autres encore ses hôpitaux et ses hospices, il a raison, si ses ressources le lui permettent et s'il les administre assez sagement pour produire un bien réel; mais, de faire bien à être obligé de faire, il y a loin; et c'est cette confusion fâcheuse entre le bien-faire et le devoir-faire que je ne voudrais pas voir s'établir. La déclaration des droits de l'homme avait commis déjà la même erreur: «Les secours indispensables à celui qui manque du nécessaire, dit-elle [1], sont une dette de celui qui possède le superflu, il appartient à la loi de déterminer la manière dont cette dette doit être acquittée. »

Une dette morale, oui; une dette positive, je le conteste.

Si je possède le superflu (et comment préciser dans beaucoup de cas ce qui est ou n'est point superflu), je suis, il est vrai, tenu moralement d'en aider ceux qui souffrent; néanmoins, cette obligation morale ne leur créc en aucune manière un droit actif et légal sur ce que j'ai acquis, ni sur ce dont j'ai bénéficié à juste titre. Autant vaudrait dire, grâce au même principe, que tout imbécile ou ignorant peut exiger de l'homme habile et instruit le concours de sa science, de sa sagesse et de ses conseils, chaque fois qu'ils lui sont nécessaires; autant vaudrait prétendre que le faible, qui ne creuse pas un sillon assez profond, peut contraindre le fort, qui a plus tôt terminé le labour du champ voisin, à interrompre son repos pour venir l'aider dans la culture à laquelle, seul, il ne suffirait pas. Une dette, dit-on; mais une dette de la part d'un citoyen suppose un créancier, et toute créance n'est admissible qu'en supposant un prêt ou un droit. Donc, celui qui n'a pas a un droit sur la propriété de celui qui possède, si celui qui possède est tenu par une dette envers celui qui n'a pas. Quelle anarchie! quel chaos! et cependant c'est là que, avec un peu de logique, nous mène le droit à l'assistance ou le devoir de l'assistance, si on préfère ce dernier terme; car l'assistance réclamée ne devient possible qu'au moyen d'impôts prélevés sur les contribuables: or, comme cet impôt auquel, dès qu'il a été transformé en secours ou en pension d'hospices, a droit, selon nos adversaires, l'homme qui en a besoin, n'est pas autre chose, lors de sa perception, que la propriété de celui qui le paye, il en résulte que tout individu a droit sur la partie de la propriété d'autrui dont il a besoin. Voilà ce qu'est, au fond, le droit à l'assistance, tout comme le droit au travail. Y a-t-on réfléchi?

La société, je le sais, doit empêcher les citoyens de se nuire et de se faire mutuellement du mal; mais elle ne peut point ordonner aux uns de faire du bien aux autres. Ne pas malfaire, c'est respecter les droits d'autrui; il est

[1] Art. 11.

juste d'exiger dans toute sa rigueur ce respect mutuel. Bien faire, c'est sacrifier ses propres droits aux intérêts d'autrui : sur quoi, je le demande, la société pourrait-elle baser ses prétentions à obliger certains de ses membres à
se sacrifier pour certains autres ? Nul, en effet, pas même la société entière,
n'a droit de violer un droit légitime, sous prétexte que son intérêt le lui conseille, un droit quelconque ne pouvant jamais être primé que par un droit
supérieur et non par une simple convenance, ni même par un intérêt, si puissant, si recommandable qu'on le suppose. Et d'ailleurs, comment parvien-
drait-elle à préciser les bornes auxquelles s'arrêteront les sacrifices des individus ? Si je dois partager avec autrui ma fortune, pourquoi ne me réclamer
que cette fraction, et ne pas m'en prendre une plus grande ? Serait-il plus
équitable, par exemple, de me faire donner 15 francs que de m'en faire donner
16 ? L'un est moins abusif, j'en conviens ; ni l'un ni l'autre, toutefois, ne sont
fondés davantage en bon droit [1].

Non-seulement le droit à l'assistance, pour peu qu'on le développe, com-
promettrait ici comme partout les plus utiles vertus des classes laborieuses,
la prévoyance et l'économie, en leur assurant, jusqu'à ce qu'elles fussent
épuisées par les abus, les ressources du Trésor public ; mais il étoufferait
encore dans les classes aisées la vertu la plus douce et la plus féconde en
bons fruits, la charité, la bienfaisance, qui, soldée en impôts à l'Etat [2], ren-
voyant à lui désormais tous les solliciteurs et se reposant sur lui, n'établirait
plus aussi fréquemment entre le riche et le pauvre ces libres et nobles relations auxquelles peut-être la Révolution de 1848 doit en partie (avec d'autres
causes, je le reconnais) de n'être pas tombée dans les horribles excès de 92 et
de 93. Ainsi, l'inscription d'un tel article dans nos codes supprimerait, ou du
moins diminuerait sensiblement les qualités morales de nos populations sans
éteindre la misère, en l'augmentant même et en la généralisant davantage.
Ce serait donc un triste non moins qu'inutile remède contre lequel on ne saurait trop protester.

Je n'ignore pas que la charité déplaît à nos adversaires, qu'elle est, selon
eux, une insulte et une humiliation à laquelle il faut arracher la dignité humaine ; mais je sais aussi, et eux ont le tort de ne pas le vouloir reconnaître,

---

[1] Dans un des articles publiés par *le Constitutionnel* au sujet de la discussion sur le
droit à l'assistance, se trouvent des lignes que je me plais à transcrire : « Mais la fraternité, prescrite par la religion, est-il possible de l'inscrire et de la définir dans la loi ? Ce
que la religion demande, c'est le sacrifice ; or, le sacrifice est une œuvre libre, sponta-
née, volontaire ; si, au contraire, on prétend l'imposer de par la loi, si l'on veut décréter
arbitrairement une nouvelle répartition des fruits du travail en favorisant celui-ci aux
dépens de celui-là, qui pourra dire où on s'arrêtera une fois entré dans une semblable
voie ? Qui empêchera d'arriver à la spoliation ?... Le sacrifice, on l'a dit avec raison, n'est
pas une chose qui ait une limite naturelle et immuable comme la justice. L'Evangile a
dit : Si quelqu'un veut vous prendre votre veste, donnez-lui votre manteau. Exigerez-
vous que la réalisation du dogme de la fraternité aille jusque-là ? Vous ne le voudrez
pas sans doute aujourd'hui ; mais le principe une fois posé, les conséquences en sortiront
d'elles-mêmes. Si vous n'osez pas les tirer, d'autres les tireront à votre place. »

[2] Il est convenable de rappeler ici que la somme des aumônes volontaires distribuées
par la charité privée soutient, en France, cinq fois au moins autant de pauvres qu'en
secourt plus ou moins incomplétement la charité légale.

Combien de familles empêche-t-elle, en outre, de tomber dans la misère ?

Or, tout ce zèle serait singulièrement refroidi dès la première mise en œuvre du devoir de l'assistance par l'Etat.

—d'abord que notre vie sur la terre, quelque indépendants que nous paraissions, n'est rien autre chose qu'un échange continuel de services avec nos semblables, desquels nous recevons tout, auxquels nous donnons tout, et sans lesquels nous ne pourrions vivre ; — ensuite que le système des socialistes, à bien dire, ne fait que remplacer par l'action officielle de l'administration le dévouement privé dont les œuvres néanmoins atteignent un chiffre, produisent un résultat que l'Etat ne pourrait guère obtenir au prix des plus onéreux sacrifices.

L'imperfection de notre nature expose la charité privée, je l'avoue, à certains abus et à de pénibles oublis : croit-on cependant que les salariés ou les administrateurs gratuits qui se substitueraient à celle-ci ne seraient pas, leur imperfection restant la même, puisqu'ils resteraient hommes sans doute, exposés aux mêmes erreurs et aux mêmes faiblesses ? Ah ! pour demander ainsi à l'Etat de faire la charité, et aux amis des pauvres de ne plus la faire, il faut n'avoir jamais vu, n'avoir jamais fait que l'aumône aveugle qu'arrache dans la rue l'importune psalmonie des mendiants ; il faut n'avoir pas été témoin dans les bureaux dits de bienfaisance et dans les administrations publiques de ces réceptions glaciales, de ces distributions (auxquelles manquent trop souvent les égards et les bons avis, parce qu'elles sont officielles et non inspirées par un véritable amour) que font à jour fixe d'ennuyés commis ou de formalistes délégués ; il faut enfin n'avoir jamais rencontré assise au chevet du malheureux, empressée, douce et patiente, la charité chrétienne, n'avoir pas calculé ses bienfaits, n'avoir entendu ni ses religieux conseils, ni ses affectueuses consolations, et avoir fermé les yeux à ses morales influences.

D'ailleurs, que demande-t-on ? Un droit. Mais est-ce que ce serait un droit ce que vous concéderiez, puisque vous seriez obligés de réserver à vos commissaires le choix du temps, de l'importance et du lieu du secours ? Ce serait donc encore une aumône, et vous n'en voulez pas !

Les citoyens romains jouissaient, eux, d'un droit positif ; ils pouvaient même vendre leur titre d'ayant part aux largesses de l'Etat : voilà ce que c'est qu'un droit, et toute autre chose n'est qu'un leurre ou une aumône déguisée sous un mot prétentieux. Or, qu'a produit ce système ? Que, en 683, plus d'une personne sur huit était nourrie par le Trésor ; que les distributions gratuites prirent, vers l'année 630, au grand détriment des finances et de la pudeur publique, un caractère permanent et général ; et que, quand César, pendant sa dictature, voulut mettre un peu d'ordre dans les dépenses, il trouva presque les trois quarts des habitants de Rome inscrits sur le livre des secours [1]. Est-ce donc à la décadence romaine qu'on désire nous ramener ; et ferait-on à nos ouvriers l'injure de les confondre avec cette plèbe abâtardie à laquelle il fallait fournir du pain et des spectacles, dont, pour tout dire, on ne satisfaisait la paresse qu'en pillant les vaincus, en spoliant les alliés et en ruinant le monde ? En Grèce, les résultats furent identiques, les principes suivis étant les mêmes ; et ce fut surtout, observe M. Blanqui [2], à leurs habitudes antiéconomiques de vivre presque toujours aux frais du Trésor, que les Grecs bavards et affaiblis durent la perte de leur liberté.

Ce droit à l'assistance, que condamnent l'histoire et la raison, on peut donc,

---

[1] Voir le travail de M. Naudet, t. XIII des *Mémoires de l'Académie des Inscriptions et belles-lettres.*

[2] Chapitre II de l'*Histoire de l'Economie politique.*

pour en finir avec lui, le résumer en dernier lieu par cette brutale proposition de Robespierre au club des Jacobins : « Je demande que les sans-culottes soient payés aux dépens du Trésor public, qui sera alimenté par es riches ; et que cette mesure s'étende à toute la république [1]. » Il resterait alors à savoir combien de temps les riches d'abord, puis les prétendus riches, pourraient suffire au gaspillage et à l'ignoble oisiveté d'une populace pervertie par les doctrines de tels démagogues, s'ils seraient disposés à se soumettre, et s'ils ne seraient pas dans leur énergique résistance aidés par les parties saines de nos bonnes populations ouvrières, et par tous nos honnêtes travailleurs des campagnes.

Concluons. Ni le droit au travail, ni le droit à l'assistance ne peuvent être fondés en rien devant la loi.

Chacun de nos devoirs sociaux a pour corrélatif un droit social qui n'est à bien dire, que sa contre-partie ; mais comme le travail et l'assistance ne sont que des devoirs moraux, et non pas des devoirs sociaux dont l'oubli soit passible de mesures de rigueur, ils ne correspondent qu'à des droits du même genre, donc purement moraux, qu'il serait souverainement injuste de traduire en droits sociaux à insérer dans nos lois politiques et à protéger par des clauses exigibles dirigées, soit contre la société tout entière, soit contre quelques-uns de ses membres en particulier.

Le travail a été imposé à l'homme, par la nature comme nécessité, par Dieu comme devoir ; mais la société ne doit pas plus être contrainte envers celui qui manque de travail à lui en fournir qu'elle ne doit contraindre à travailler celui qui s'y refuse.

L'assistance est conseillée à l'homme, par la nature comme source de douces et fraternelles émotions, par Dieu comme devoir ; mais la société ne doit pas plus être contrainte à entretenir les citoyens sans fortune qu'elle ne doit contraindre ceux qui s'y refusent à se priver, à se sacrifier pour autrui, ou à recevoir ses bienfaits.

Dans de pareilles questions, nous sommes responsables devant Dieu et devant la nature, sans que les hommes aient rien à exiger de nous. Ils peuvent louer notre dévouement ou blâmer nos refus, ils ne peuvent jamais nous obliger [2].

L'Etat fait bien moralement et politiquement de réserver des travaux aux bras inoccupés, des secours aux infirmes, aux vieillards, aux orphelins ; mais il ne peut pas reconnaître à ses membres un droit légal et actif aux réclamations duquel lui, l'Etat, doive se rendre et se soumettre.

Le droit des individus, je le répète, n'est qu'un droit moral, parce que leur devoir corrélatif n'est aussi qu'un devoir moral. Or, il faut toujours distinguer ce qui ne dépend pas du même ordre de choses. Agir autrement, en ce qui concerne le travail et l'assistance, ce serait inscrire un non-sens, un mensonge ou un abus dans nos codes, ce serait établir une tyrannie odieuse et décréter la ruine finale de l'Etat dans la ruine préalable et la misère de tous.

---

[1] Séance du club des Jacobins du mercredi 8 mai 1793. Voir M. Thiers, *His oire de la Révolution française*, t. IV, p. 397.

[2] Il est évident que la question n'est plus la même quand il s'agit des rapports des pères avec leurs enfants et des enfants avec leurs pères.

Quelques jours après avoir écrit ces lignes, j'ai lu ce qui suit dans le numéro du 21 décembre 1848 du journal *la République* :

« Un citoyen qui habite rue Rambuteau nous écrit : De par le droit à l'assistance décrété par l'Assemblée nationale, je reçois tous les jours, pour ma femme et moi, à titre de secours, la somme de 22 centimes et demi et un kilogramme de pain ; ce secours est porté à domicile par un agent dont la visite se fait depuis 7 heures du matin jusqu'à 7 heures du soir inclusivement, et, lorsqu'il constate l'absence de l'assisté, celui-ci est privé de secours pendant deux jours. Aujourd'hui, après une mortelle attente de huit heures, pressé par la faim, je me décidai à porter mon dernier sou au comptoir du boulanger ; cette opération me fit dépenser cinq minutes, pendant lesquelles le visiteur du 7ᵉ arrondissement daigna franchir le seuil de mon réduit, et il constata mon absence. En vain je me rendis à son domicile avant la clôture de sa comptabilité, j'eus pour toute réponse le refus formel de me donner ce qui m'était alloué. C'est ainsi que messieurs les employés de la mairie du 7ᵉ arrondissement comprennent leurs devoirs. Je n'ai pas dîné aujourd'hui, je ne mangerai pas demain, et ce ne sera qu'après-demain, vers cinq heures après midi, que je pourrai goûter les douceurs d'un morceau de pain que le caprice d'un subalterne m'a refusé aujourd'hui.

« La publicité que nous donnons à cette lettre engagera probablement l'administration à changer son système de distribution, qui attente si singulièrement à la liberté de l'assisté. »

Cet article ne confirme pas seulement ce que je dis sur la manière dont est faite ce qu'on appelle la charité légale, il prouve aussi que l'acceptation du devoir de l'assistance par l'Etat a préparé à l'administration d'impérieuses exigences et d'intraitables difficultés. Puisse-t-elle ne nous amener ni taxe des pauvres ni prétexte d'émeutes.

EXTRAIT DU Nᵒ 94 DU JOURNAL DES ÉCONOMISTES. — 15 JANVIER 1849.

Imprimerie de HENNUYER et Cᵉ, rue Lemercier, 24. Batignolles.